Paris
1903

Monier, Camille

Essai sur le langage

résumé de cinq leçons au Collège de France

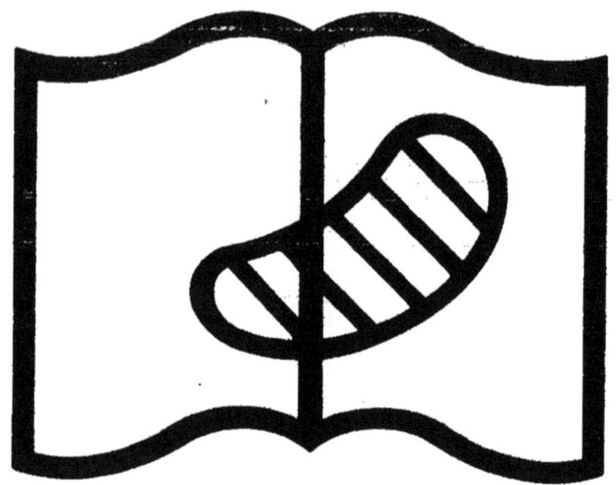

Symbole applicable
pour tout, ou partie
des documents microfilmés

Original illisible

NF Z 43-120-10

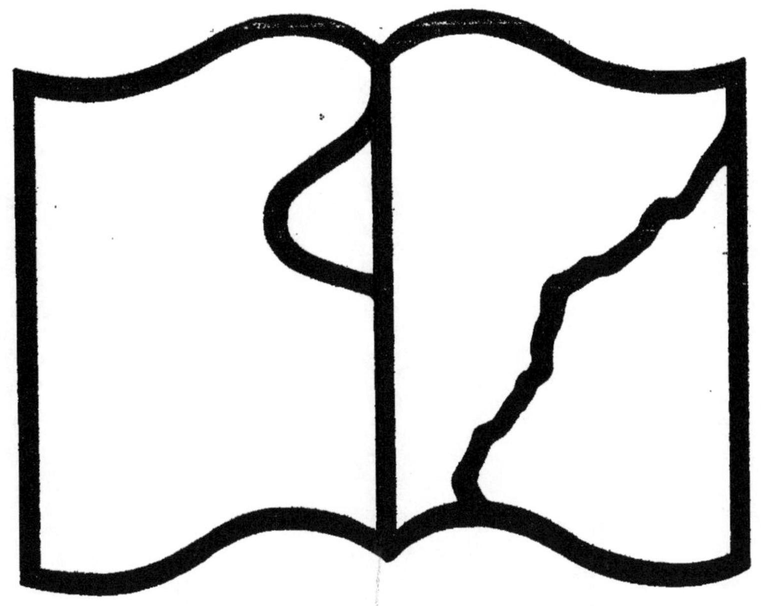

Symbole applicable
pour tout, ou partie
des documents microfilmés

Texte détérioré — reliure défectueuse

NF Z 43-120-11

8° X
12530

CAMILLE MONIER

ESSAI
SUR
LE LANGAGE

RÉSUMÉ DE CINQ LEÇONS
AU COLLÈGE DE FRANCE

PARIS
ÉDOUARD PELLETAN, ÉDITEUR
125, Boulevard Saint-Germain, 125

1908

ESSAI

SUR

LE LANGAGE

CAMILLE MONIER

ESSAI
SUR
LE LANGAGE

RÉSUMÉ DE CINQ LEÇONS
AU COLLÈGE DE FRANCE

PARIS
ÉDOUARD PELLETAN, ÉDITEUR
125, Boulevard Saint-Germain, 125

1908

Cet Essai résume cinq leçons du Cours que je fis au Collège de France, en remplacement de M. Pierre Laffitte *(1900-1901), chaire d'Histoire générale des Sciences.*

*C'est le commentaire d'un chapitre difficile d'*Auguste Comte.

Ma contribution à la théorie du Langage est minime, je ne crois pas pourtant qu'elle soit sans utilité. Peut-être eût-il mieux valu retarder cette publication ? Je cède, néanmoins, aux instances de quelques auditeurs bienveillants ; d'autres feront plus tard l'œuvre définitive.

PLAN

But.

1. LANGAGE INVOLONTAIRE.

2. LANGAGE VOLONTAIRE PRIMITIF.

Expression.
Perception.
Mimique.
Langage vocal.
Comparaison de la mimique et de la langue vocale.

3. LANGUE PARLÉE.

Imitation.
Traduction vocale.
Convention.

4. ÉCRITURE.

Imitation.
Signes idéographiques.
Symboles idéographiques.
Symboles phonétiques.

Alphabet.
Applications modernes.
Cartes.
Notation musicale.
Écriture algébrique.

5. Beaux-Arts.

Musique.
Poésie.
Architecture.
Peinture.
Sculpture.

6. Action individuelle du Langage.

I. *Logique des signes.*
II. *Action sur le moral.*
III. *Action de l'individu sur la Langue.*

7. Action sociale du Langage.

I. *Intellectuelle et morale.*
II. *Influence de la société sur le Langage.*

But.

Le Langage est un des éléments fondamentaux de toute organisation sociale ; il n'y a pas de société, si rudimentaire qu'elle soit, sans ce moyen de communication qui lie les individus entr'eux et qui aussi sert de lien aux familles diverses.

La Famille perpétue l'espèce, le Langage perpétue les connaissances, conserve les traditions, aide la production du capital intellectuel et permet sa transmission. Les générations humaines sont ainsi soudées les unes aux autres, chacune recevant par le Langage l'héritage mental des antécédents et le transmettant plus ou moins agrandi aux successeurs ; c'est donc un instrument très puissant du progrès social.

Le présent essai a principalement pour objet d'ébaucher la théorie sociologique du Langage sans négliger toutefois les indications que la biologie peut fournir à cette théorie, sans négliger non plus les renseignements que nous pouvons tirer de l'étude des fonctions intellectuelles et morales. A ce sujet je dois dire tout de suite que j'accepte la théorie de Comte ; jusqu'ici je n'en connais pas de meilleure, je n'en connais pas qui puisse mieux s'adapter aux faits observés non seulement par le biologiste, mais par le philosophe, par le moraliste et encore mieux par *tout le monde*.

Le but du Langage est la manifestation extérieure de notre état cérébral, la communication de nos émotions et de nos pensées. La communication n'est possible qu'au moyen de mouvements musculaires ; qu'il s'agisse de gestes, du jeu de la physionomie ou de la voix, ce sont toujours des mouvements musculaires.

La perception de ces divers mouvements ne peut venir que par les organes des sens.

Pour qu'il y ait véritablement communication il faut autre chose de plus que mouvements et sensations immédiates ; la compréhension des mouvements n'est possible qu'à la condition de réveiller en nous une série de sensations antérieures qui donnent une signification aux mouvements vocaux où autres. Un exemple va servir d'éclaircissement : quand nous entendons un cri douloureux, quand nous percevons une attitude qui dénote la crainte ou la douleur, ces mouvements ne peuvent être compris si nous n'avons encore rien vu ou entendu de semblable. Quand nous connaissons par expérience les circonstances particulières qui amènent la production du cri ou du geste, ces mouvements acquièrent pour nous une signification précise.

Les mouvements qui ont toujours la même signification fixe et bien déterminée sont des *signes* au sens le plus général de ce terme. Le Langage se compose donc de signes et nous pouvons sans inconvénients prendre un terme à la place de l'autre ; *signe, langage,* ces deux mots auront donc le même sens pour nous, avec cette légère différence que nous entendrons par *langage* une collection de *signes.*

La définition la plus générale que nous puissions donner du signe ou du Langage sera celle-ci : *une relation fixe entre un mouvement et l'état cérébral.*

Cette définition convient à l'être actif (celui qui parle ou qui gesticule), il extériorise son état cérébral par un mouvement ; elle convient à l'être passif (celui qui écoute ou qui voit), il rapporte le mouvement à son état cérébral.

Suivons maintenant pas à pas les divers progrès du Langage.

I

Langage involontaire.

Le Langage involontaire est le plus primitif de tous ; dès que l'être organisé s'élève un peu dans la série animale, il traduit son état intérieur par des cris et des mouvements divers. La volonté réfléchie ne préside point à ces mouvements qui sont en général très rapides ou très rapprochés de la cause qui les a provoqués.

L'enfant très jeune crie et remue sans avoir la conscience précise de son Langage.

L'étude de ce premier Langage serait du plus haut intérêt, on y a depuis longtemps songé : le judicieux président de Brosses, au siècle dernier, avait émis cette idée qu'il faut chercher dans les interjections spontanées la clef du Langage de l'homme civilisé. Ces interjections varient selon la nature de l'émotion qui les provoque, il y a une différence entre un cri de joie et un cri de douleur. La gaîté s'exprime selon un mode clair et vibrant, la douleur au contraire emploie les sons sourds, graves et prolongés. Il y a donc certainement entre l'état émotif d'un être quelconque et la manifestation extérieure de cet état une relation plus ou moins étroite ; nous comprenons même la signification des cris et des gestes des animaux qui sont proches de nous : l'aboiement d'un chien n'est pas le même dans toutes les circonstances.

Quelle est la nature de cette relation ? Voilà une question posée mais non encore résolue.

Le président de Brosses pensait surtout à la langue orale en s'occupant des cris involontaires, — après lui Darwin a fait une tentative concernant l'expression mimique ; il y a plusieurs observations intéressantes à retenir et surtout une indication pour les travaux à faire dans cette direction.

Quoi qu'il en soit du sort réservé à ces études, il est sûr qu'involontairement il peut s'établir tout de suite des communications entre divers êtres placés sur des échelons divers de la série animale.

Ce Langage impulsif persiste chez l'homme le

plus cultivé et le plus maître de lui. Notre état intérieur se traduit très souvent bien malgré nous. Des gestes rapides, des mouvements imperceptibles de la face, des interjections qu'on ne peut retenir nous trahissent.... aussi attache-t-on souvent plus d'importance aux renseignements ainsi obtenus qu'à ceux qu'on reçoit par le Langage volontaire. Que de fois ces manifestations non calculées sont en contradiction avec le discours ! et c'est précisément à cause de leur spontanéité qu'elles sont des signes précieux auxquels on accorde toute confiance.

Le Langage d'action est aussi primitif que le cri ou le mouvement involontaire et il est également soustrait à l'influence de la volonté, en ce sens du moins que la communication se fait souvent sans qu'il y ait intention de la part de celui qui agit. La fuite en présence d'un danger, en présence d'un être plus fort et qui est supposé mal intentionné ne laisse aucun doute comme manifestation de l'état cérébral.... et pourtant celui qui fuit n'agit pas avec l'intention de faire connaître cet état.

Un acte quelconque constitue donc un Langage primitif et naturel que nous cherchons à imiter lorsque nous voulons rappeler le souvenir de cet acte. Cette langue est universelle et universellement comprise. Le plus souvent c'est le seul moyen de communication que nous puissions établir entre nous et les animaux. Lorsque nous menaçons un chien avec un bâton et que celui-ci montre les dents, il y a deux signes parfaitement compris de part et d'autre.

Voici donc examinée la forme la plus simple, la plus naturelle et la plus élémentaire du Langage. Faisons un premier pas et voyons ce qu'est à l'origine le langage volontaire.

II

Langage volontaire primitif.

Le Langage involontaire ne permet pas des communications variées, il est forcément borné à l'expression de quelques émotions très fortes et très nettes ; la transmission des idées est presque impossible par ce procédé, surtout lorsqu'elles présentent une certaine complication. Il fallait de toute nécessité arriver à une langue plus facultative, plus à notre disposition et se prêtant mieux à des échanges réciproques. De ce besoin est résulté le Langage pleinement volontaire, moins naturel que le premier Langage, comportant même une part de convention qui croît d'autant plus que le cercle de nos idées s'élargit, mais qui ne dissimule jamais complètement le fond naturel de tout Langage. Je viens d'énoncer d'une façon implicite la loi générale qui domine l'évolution du Langage ; le point de départ c'est la nature même de notre organisation, le point d'arrivée est une convention plus ou moins artificielle, mais qui n'est jamais arbitraire. La suite de ce travail donnera, je crois, la vérification de cette loi qui se rapporte à l'évolution du Langage.

EXPRESSION

Avant d'examiner ce qu'est le Langage volontaire, il faut entrer dans une courte discussion relative à nos moyens expressifs et à nos facultés de perception. Il faut voir d'abord quels sont les mouvements qui sont de nature à permettre l'expression de nos sentiments et de nos idées et voir quels sont les sens en état d'apprécier ces manifestations de notre état intérieur.

Dans les mouvements, il n'y a pas lieu de considérer les mouvements internes qui échappent à notre volonté et qui ne peuvent être perçus d'une façon distincte. Nos émotions affectent les muscles internes, très puissamment même ; notre cœur, par exemple, bat plus ou moins fort et ses mouvements se traduisent par des phénomènes circulatoires visibles : la rougeur ou la pâleur du visage ; mais l'expression manque de netteté et, en tout cas, est fort limitée.

Les muscles externes et les organes vocaux peuvent seuls fournir des moyens usuels d'expression ; voyons leurs avantages respectifs. Le système musculaire nous permet d'ébaucher assez vite une langue volontaire très voisine du Langage d'action, par conséquent très naturelle et fort ancienne. Primitivement il dût être plus facile de régler nos gestes que de moduler nos cris. Les mouvements des bras, des mains, des jambes peuvent fournir un assez grand nombre de *signes*, surtout les mouvements des bras et des mains. Dans la danse, qui est un véritable Langage, on fit concourir tous les mouvements musculaires. Le goût que tous les peuples ont eu pour la danse est explicable par la facilité expressive de cette manifestation de nos émotions. Ce goût est poussé jusqu'à la passion chez les primitifs : tous les voyageurs en ont fait la remarque.

Les muscles de la face viennent prêter leur concours aux autres muscles externes et il faut observer qu'ils ont l'avantage de traduire les émotions dans toutes leurs nuances ; les yeux, les lèvres, les joues, le front, concourent pour produire une infinité de signes très expressifs, depuis longtemps étudiés par les artistes. Dans le sourire seul, que de gradations et de différences délicates.

Les mouvements des muscles externes ont donc de grands avantages sous le rapport de l'expression, mais ils ont aussi leurs inconvénients. À part les jeux de physionomie qui s'obtiennent presque sans effort, les autres mouvements occasionnent assez vite une fatigue marquée ; la rapidité de ces mouvements ne s'obtient pas sans peine et encore est-elle très relative par rapport à la rapidité des mouvements vocaux. Notons encore que l'œil suit difficilement les gestes très rapides, tandis que l'oreille, au contraire, perçoit distinctement des sons qui se succèdent avec rythme très vif.

Examinons les organes vocaux, ils sont eux au

contraire construits de telle façon que les mouvements peuvent être produits avec la plus grande rapidité; sans étude on peut parler beaucoup plus vite que mimer. Pour obtenir avec les doigts la même vélocité qu'avec la voix, il faut des exercices répétés, et pourtant il s'agit dans ce cas des mouvements musculaires les moins étendus. Tous les instrumentistes conviendront qu'il y a au début de leur apprentissage une longue période pendant laquelle l'agilité des doigts est inférieure à l'agilité d'une voix non cultivée; une gymnastique spéciale plus ou moins pénible permet de surmonter cette infériorité, mais elle nous démontre l'avantage naturel des organes vocaux au point de vue rythmique.

Il y a plus, dans les sons produits par l'appareil vocal nous pouvons distinguer plusieurs éléments : l'ampleur, le rythme, la hauteur et le timbre et ces deux derniers exclusivement propres aux signes vocaux. La hauteur, l'ampleur, le rythme sont des éléments que notre volonté peut régler avec la plus grande facilité. Quant au timbre, il est moins sous cette dépendance mais n'y échappe point tout à fait; d'une façon générale nous ne pouvons guère modifier le timbre fondamental et je dirais presque usuel de notre voix, mais nous pouvons tout de même le faire varier entre certaines limites et avoir ainsi à notre disposition des ressources expressives assez étendues.

Un autre ordre de considérations doit trouver sa place ici; les muscles de l'appareil vocal subissent mieux l'action cérébrale que les autres muscles et la réaction sur le cerveau est aussi plus intense. Faut-il en chercher la raison dans les particularités anatomiques des organes de la voix ou dans leur proximité du cerveau ?

La proximité ne doit pas être étrangère aux deux faits indéniables d'action et de réaction dont je viens de parler : l'émission de certains sons, ceux que les chanteurs appellent *voix de tête,* certains éclats de la parole occasionnent une sorte de frémissement, une vibration qui ne doit pas être sans influence sur l'excitation du cerveau. Lorsque la colère se traduit par des manifestations vocales, elle produit une excitation cérébrale qui croît en même temps que se développe cette manifestation ; jamais nous ne pouvons obtenir une réaction aussi puissante par la mimique seule.

Les biologistes trouveront peut-être un jour

l'explication de ces phénomènes ; peut-être pourra-t-on éclairer cette question des relations qu'il y a entre le cerveau et les organes vocaux...

Sans désespérer, on peut toutefois craindre que l'explication anatomique ou physiologique tarde un peu si on en juge par ce que nous savons du mécanisme de la parole articulée. L'explication paraît à première vue assez facile ici et pourtant les physiologistes sont loin d'être d'accord sur l'action de tel ou tel organe vocal passif ou actif. Quoi qu'il en soit, les faits ne peuvent être niés, la voix réagit fortement sur le cerveau et celui-ci trouve dans la voix le plus puissant moyen de manifestation extérieure. L'état intérieur s'affirme d'une manière très apparente non seulement par l'effet de la volonté, mais aussi à notre insu, et ce point mérite quelques éclaircissements; comme je l'ai dit plus haut, nous attachons dans la vie courante une grande importance aux manifestations dont la franchise ne peut être suspectée, les organes vocaux plus que les muscles extérieurs combinent dans leur action extérieure le Langage volontaire plus ou moins sincère et l'involontaire traduction de nos secrets intérieurs.

Par des mouvements vocaux d'une finesse presque

imperceptible l'âme humaine se dévoile dans sa vérité.

L'impassibilité de l'appareil moteur s'obtient aisément, l'impassibilité de la physionomie est plus rare, mais encore trouvons-nous pas mal de gens dont le masque imperturbable ne laisse point deviner l'état intérieur; l'impassibilité de la voix, si je puis m'exprimer ainsi, s'obtient très difficilement : un rien, un léger tremblement, une intonation particulière, un éclat intempestif nous font deviner ce qui se passe dans le for intérieur.

La contrainte dans la voix est excessivement pénible, aussi bien pour celui qui parle que pour celui qui écoute. Le dissimulateur doit s'appliquer, s'observer, s'habituer à un débit monotone, lent, régulier, qui tout de suite décèle l'hypocrisie, qui tout de suite rend l'auditeur défiant. Ces cas de contrainte sont d'ailleurs fort rares et obtiennent généralement des résultats opposés au but poursuivi.

La réaction de l'émission vocale sur le cerveau est visible pour l'orateur qui, dans la plupart des cas, n'arrive à une excitation suffisante qu'au bout d'un certain temps. A mesure qu'il parle, l'orateur *s'échauffe* insensiblement et parvient à provoquer chez l'auditeur une excitation analogue à la sienne, sauf l'intensité. L'influence de l'action orale tient à la nature même de notre organisation. La mimique est loin d'avoir les mêmes ressources.

Enfin, pour terminer cet examen des avantages propres à l'emploi du Langage vocal, il faut indiquer une autre supériorité. Nous pouvons nous écouter nous-mêmes et nous perfectionner, et ceci est très important au point de vue de notre éducation ; nous apprenons insensiblement à parler, à diriger toutes les opérations des muscles oraux, par le fait seul de l'emploi fréquent de la langue parlée. Nos gestes, nous ne pouvons les voir qu'imparfaitement ; il faudrait avoir un miroir en face de soi et ce n'est pas facile au début de la civilisation et peu pratique même de notre temps.

PERCEPTION

Après avoir discuté la question de nos moyens d'expression, il faut nous occuper des organes des sens par lesquels peut se faire la perception. Il n'y a réellement que trois sens : le toucher, la vue et l'ouïe, qui puissent recevoir l'influence des mouvements ou des sons, les seules manifestations extérieures qu'il nous est possible de faire. Le sens du goût, celui de l'odorat, fort peu développés chez l'homme, ne donnent lieu qu'à des sensations confuses. On ne voit pas, d'autre part, par quels moyens usuels on pourrait créer des *signes* gustatifs ou olfactifs ; à plus forte raison les sens secondaires qu'on rapporte au toucher (calorition, musculation, électrition) ne peuvent convenir à nos communications. Tout au plus ces divers sens impropres au Langage méritent-ils une mention pour indiquer la possibilité d'y recourir lorsqu'il s'agit d'êtres mieux doués que l'homme sous le rapport de l'un de ces sens (goût, odorat, etc.).

Reste donc le toucher, la vue et l'ouïe ; tous ces sens sont assez développés chez l'homme et lui fournissent des renseignements assez précis. Le toucher peut être affecté par des mouvements musculaires, non pas de la même manière que la vue, mais d'une façon spéciale. Pour juger de ce que pourrait être une langue tactile, il faut faire l'hypothèse de l'existence de ce seul sens. Des aveugles qui entendent emploient un langage tactile mixte, lorsqu'ils tracent sur la main l'un de l'autre des signes phonétiques, comme les clairvoyants peuvent le faire dans l'obscurité. Cette langue n'est donc pas purement tactile, elle le serait si la communication s'établissait entre aveugles-sourds de naissance. Dans cette hypothèse, il est probable que l'extrémité des doigts aurait servi pour la conversation; des pressions diversement combinées, plus ou moins fortes, en glissant légèrement ou en faisant le contraire, auraient permis d'instituer des signes convenables. Le serrement de mains est un rudiment de langue tactile exprimant en somme un certain nombre d'émotions différentes selon la nature, la force et la durée de l'étreinte. On conçoit donc la possibilité d'utiliser le toucher comme moyen de communication et nous pouvons même apercevoir chez des animaux inférieurs, qui n'ont que le sens du tact, des communications certaines quoique très limitées.

L'inconvénient du toucher c'est qu'il ne peut s'exercer à distance, il ne peut pas être employé à mettre en rapport plus de deux êtres... ou un très petit nombre d'êtres; de plus, ils sont immobilisés, ou peu s'en faut, le temps que dure la communication; or, le Langage a souvent pour but de régler des mouvements communs ou de stimuler une coopé-

3

ration immédiate. Donc le toucher doit être écarté pour l'institution d'un Langage commode, il ne peut servir que lorsqu'il faut remplacer un sens qui fait défaut.

La vue, au contraire, peut être affectée à distance, elle est précise et synthétique, c'est-à-dire qu'elle perçoit d'un seul coup les gestes et les attitudes d'ensemble.

L'ouïe, elle aussi, nous permet de communiquer à distance, mais elle a sur la vue un avantage qui n'est point à dédaigner : elle permet les communications dans l'obscurité. Nous sommes en général assez bien doués quant à l'ouïe, et les diverses particularités du son dont j'ai parlé tout à l'heure et que nous connaissons par le sens de l'ouïe, prouvent que cet appareil sensitif est assez développé dans notre espèce.

De toutes les considérations auxquelles je viens de me livrer, il en découle qu'il ne peut y avoir que deux Langages suffisamment précis : la mimique et la langue vocale. Nous allons successivement examiner ces deux Langages dans leur état primitif et je commence par la mimique qui, certainement, a été simultanément employée avec la langue vocale, mais qui très probablement a dû acquérir rapidement la prépondérance pendant une période plus ou moins longue. Les premiers observateurs européens qui ont visité les petites peuplades arriérées sont tous d'accord sur ce point ; la mimique est extrêmement développée quand la langue orale est très rudimentaire, tellement que les communications sont quelquefois impossibles dans l'obscurité. On le voit, l'art du comédien remonte bien loin.

MIMIQUE

La mimique part de *l'imitation* comme toutes les formes du Langage que nous allons étudier jusqu'aux beaux-arts inclus. La mimique est le Langage d'action perfectionné ; pour rappeler une action quelconque, elle imite, elle emploie des gestes analogues aux mouvements de l'action. Pour désigner un être, on mime de façon à rappeler sa forme, son attitude... autant que cela est possible.

La mimique peut donc, par des combinaisons de plus en plus complexes, constituer un premier Langage assez développé ; il s'introduit peu à peu des signes fixes qu'on peut abréger et un premier pas dans la voie des signes conventionnels peut être fait ; mais le côté conventionnel reste encore peu caractérisé ; la trame du discours mimé reste très naturelle et se lie à l'imitation d'une manière apparente. Certains signes, comme le mouvement de la tête d'arrière en avant, signifient à peu près partout l'affirmation, l'approbation ; de même la négation est indiquée par le mouvement de droite à gauche. Darwin a dressé, au sujet de ces deux signes mimiques, un inventaire qui est curieux ; presque tous les observateurs auxquels il s'est adressé ont affirmé que ces signes avaient la même acception chez les peuples les plus divers. Comment expliquer ces faits autrement que par leur liaison naturelle avec le fond de l'organisation humaine, semblable partout ? Dans ce cas spécial, je crois que la facilité du mouvement d'arrière en avant, comparée avec la gêne qu'occasionne le mouvement demi-giratoire de gauche à droite qu'on répète plusieurs fois, a fait adopter le premier signe pour indiquer qu'une chose est agréable, qu'elle est acceptée, et le second signe pour désigner la contrariété, le refus ou la négation. Je n'attache d'importance à cette explication que parce qu'elle se lie à une explication analogue que je donnerai bientôt au sujet de la formation de la langue parlée.

LANGAGE VOCAL

Le Langage vocal volontaire naît des *cris* involontaires ou des *interjections* spontanées, il les imite pour rappeler les émotions qui en furent la cause. Ce premier Langage vocal est inarticulé ou contient peu d'articulations; il se rapproche en quelque sorte du chant. L'observation des jeunes enfants montre qu'il y a une certaine difficulté pour articuler nettement; les langues primitives, qui malheureusement sont altérées assez rapidement par les contacts entre peuples de civilisation différente, nous apprennent que les voyelles, et surtout les plus sonores, sont employées presque exclusivement. Il faudrait une étude plus approfondie pour affirmer avec certitude, mais quant à présent cette opinion me paraît très vraisemblable.

La langue vocale primitive a donc ressemblé, tout porte à le croire, à une sorte de chant, et comme nous avons des émotions à communiquer plus que des pensées, surtout à l'aube de la civilisation, il s'ensuit que la musique, réduite au chant primitif, a devancé la langue articulée ; voilà un second exemple de la très haute antiquité de l'art. Les chants cadencés se trouvent chez des populations fort retardées, et à cet égard la race noire me paraît avoir des aptitudes particulières. Les rares populations africaines qui n'ont pas subi l'influence musulmane ont des chants très simples qui ne sont pas sans charme.

Le chant est aussi ancien que notre espèce, et cela ne doit pas nous étonner quand nous voyons certains oiseaux, comme le merle ou le rossignol, fort bien doués sous ce rapport, le merle surtout, qui chante généralement très juste, et pourtant il y a dans l'échelle des êtres une certaine distance entre ces oiseaux et nous. Voilà donc examinées les deux formes du Langage primitif volontaire dans lesquelles l'imitation domine et qui se rapprochent plus de l'art que le Langage civilisé, en ce sens qu'elles cherchent à exprimer nos passions et nos sentiments plus que nos pensées. L'intelligence encore engourdie n'éprouve pas d'abord le besoin de moyens de communication plus variés et plus précis; mais le temps vient où la transmission des pensées s'impose et le Langage prend un nouveau caractère et se sépare de l'art proprement dit. La séparation heureusement n'est jamais complète ; dans les idiomes les plus civilisés, nos tendances esthétiques persistent, parce qu'elles constituent l'essence même de notre nature plus affective et plus émotive qu'intellectuelle.

Mais quelque faibles que soient nos aptitudes intellectuelles, c'est à elles que nous devons notre supériorité sociale. L'Humanité devait donc affirmer sa prééminence en construisant une langue plus complète capable à la fois de transmettre les sentiments et les pensées.

La mimique, nous venons ne l'indiquer, devait avoir la préférence d'abord, mais en vertu des raisons que j'ai données tout à l'heure, la langue parlée devait finalement prendre le premier rang.

La comparaison que nous avons faite entre nos moyens d'expression nous a montré la supériorité de la voix sur le geste; la comparaison entre le sens de l'ouïe et celui de la vue, sous le rapport de la facilité à recueillir les impressions, a été à l'avantage de l'ouïe. La langue parlée devait donc finalement l'emporter sur la mimique. C'est de la langue parlée qu'il faut nous occuper maintenant. Nous verrons après qu'il était utile et même indispensable de créer un Langage visuel et que le progrès total a été réalisé quand il y a eu concordance entre la langue parlée et l'écriture ou langue visuelle.

III

Langue parlée.

Une fois que la préférence a été accordée au Langage vocal, il s'est développé indépendamment de la mimique, laquelle n'a plus joué qu'un rôle accessoire quoique très utile. Essayons de deviner ce qui a dû se passer pour la formation de ce Langage; encore une fois le point de départ est l'imitation.

IMITATION

Les objets ou les êtres qui nous entourent sont quelquefois capables de nous affecter par la production de sons. La manière la plus simple de désigner ces êtres par la parole est l'imitation. Le cri d'un animal, plus ou moins bien imité, nous le rappellera aisément. Un certain nombre de noms ou de signes vocaux pourront ainsi être formés (cou-cou, cri-cri...). Le bruit que fait un objet mis en action se traduira par un mot imitatif (scie, tric-trac, tic-tac...). En employant ce procédé de création on aura des verbes, des adjectifs (grincer, bêler). Rien n'est plus naturel que ce mode de formation des mots, aussi toutes les langues ont un grand nombre d'expressions imitatives, les langues des peuples arriérés peut-être plus que celles des peuples civilisés. Je n'ai pas eu à cet égard un très grand nombre de renseignements, mais ils sont concordants : Casalis, pour quelques idiomes de l'Afrique du Sud ; Rienzi, pour les idiomes polynésiens ; les premiers missionnaires canadiens ; Rochefort, pour les Caraïbes ; Jean de Léri, pour les anciens habitants du Brésil, etc. Les renseignements qu'on pourrait encore avoir sur ce sujet devraient être comparés avec soin. Je ne doute pas qu'une étude approfondie justifie cette opinion que les langues primitives sont relativement les plus riches en mots imitatifs ; le procédé est incontestablement le plus commode de tous.

TRADUCTION VOCALE DES AUTRES PROPRIÉTÉS SENSIBLES

Mais où commence la difficulté dans la construction des mots, c'est lorsqu'il s'agit de désigner des êtres ou des propriétés qui n'affectent pas notre oreille. Traduire par un son une propriété perçue par le toucher, par le goût, par l'odorat ou par la vue, représente une difficulté bien plus grande ; essayons de voir comment on a pu y arriver.

Nos organes vocaux, gorge, palais, dents, nez, langue, lèvres et l'appareil respiratoire, offrent des particularités diverses. Le son émis diffère selon que ces organes interviennent dans les multiples opérations nécessitées par le Langage articulé ; il y en a qui sont aisées et d'autres qui sont pénibles.

Il y a des sons faciles à émettre, il y a des organes plus souples que les autres ; quand les lèvres, muscles très souples, jouent le rôle principal, l'émission est facile, agréable même. *Nous employons de préférence les mots dont l'émission est agréable pour désigner les propriétés qui nous impressionnent agréablement*. L'emploi prépondérant des lèvres nous servira pour désigner les propriétés agréables au goût (doux...), pour désigner les propriétés agréables au toucher (poli, lisse...).

Quand nous employons le gosier dans l'émission d'un son, nous éprouvons une sensation désagréable, probablement à cause de l'*éraillement* qui résulte d'un exercice prolongé. Bref, les sons du gosier sont durs à émettre, fatiguants même. *Toutes les propriétés qui nous sont désagréables, tous les êtres ou objets qui nous inspirent de la répugnance, nous les désignons par des mots où prédomine l'emploi du gosier* (âcre, amer, rude, rugueux). Voyez ce que font les mamans et les nourrices pour désigner un objet repoussant et que l'enfant doit éviter : toujours elles emploient instinctivement un son guttural.

J'ai trouvé, parmi les observations dont je viens de parler tout à l'heure, la confirmation de cette hypothèse, et l'une des plus intéressantes est celle que me fournit Jean de Léri sur les naturels du Brésil. L'eau douce est indiquée par le même mot que l'eau salée ; seulement, pour celle-ci, on prononçait en faisant jouer très énergiquement le gosier, et l'observateur insiste sur la répugnance marquée des naturels pour l'eau salée et sur l'accentuation gutturale. Casalis m'a fourni une observation semblable pour la langue des Bassoutos. Cela ne suffirait pas évidemment pour étayer fortement une hypothèse, mais il y a tant d'autres faits analogues dans notre propre langue et tant d'autres observations que je ne pense pas qu'on puisse sérieusement contester la vraisemblance de cette proposition.

Ne pourrait-on pas encore invoquer comme preuve l'habitude d'émettre des sons du gosier pour donner à la parole l'accent de la grossièreté ; écoutez comment on parle dans les bas-fonds de la société parisienne.

L'appareil respiratoire, dont l'action est si importante dans le mécanisme vocal, intervient aussi dans la construction des mots ; l'aspiration et l'inspiration ne se font pas toujours de la même manière : il y a des sons qui exigent un effort plus grand ; il y a aussi une espèce d'imitation par l'emploi combiné de l'aspiration, de l'inspiration et des organes vocaux, lèvres, langue, qui permet de rappeler certaines actions (*happer, sucer*), et certaines propriétés (*visqueux*). Le jeu des organes vocaux permet aussi des traductions par analogie ; des phénomènes sont ainsi représentés d'une façon assez exacte (*cascade, roulement*). Il faut noter la facilité que nous avons de traduire tout ce qui se rapporte aux actes où interviennent les organes de la voix (*mastiquer, manger, goinfre*); en résumé, les diverses particularités de nos organes vocaux ont exercé une influence capitale dans la construction de la langue parlée.

Entre nos diverses impressions sensitives, il y a des relations confuses, mal étudiées encore, mais que l'instinct, qui précède la connaissance complète, a utilisées pour former les mots. La preuve que ces relations existent et sont plus ou moins entrevues, nous la trouvons dans l'application d'un même mot à des sensations distinctes : *doux* s'applique au goût, au toucher, à l'ouïe et à la vue ; *rude, aigu, élevé,* peuvent également désigner des sensations tout à fait distinctes.

Il est possible que cette sorte de confusion vienne de ce que nous rapportons toutes les impressions reçues, quel que soit le sens qui nous les donne, au sentiment de plaisir ou de déplaisir qu'elles nous causent, et comme dans les mouvements vocaux ou autres, il y en a qui sont aisés et d'autres pénibles, il s'établit une concordance entre l'impression et l'expression d'où résulte la fusion ou la confusion que je viens de signaler.

L'usage a sanctionné l'emploi de nombreuses expressions comme celles-ci : *musique colorée, chaude ; peinture harmonieuse, vibrante ;* si on se contente d'un examen superficiel, il semble qu'il y a quelque absurdité à parler ainsi, et pourtant ces formes du Langage traduisent un travail intérieur très réel, plus sentimental qu'intellectuel, que nous ne pouvons exprimer d'une façon plus claire. Que de fois nous sommes dans ce cas de ne pouvoir exprimer ce que nous sentons avec clarté ; que de fois ce qui se passe en nous ne peut être traduit autrement que par des expressions imagées ou ambiguës, dont l'apparente obscurité reflète assez exactement l'état cérébral ?

Cette question de la formation du Langage reste encore ouverte ; il me semble toutefois qu'il est maintenant démontré que l'organisation cérébrale sensitive et vocale de l'homme a déterminé la construction des mots. Au siècle dernier déjà, on avait eu la notion de cette dépendance et on avait conçu l'espérance de reconstituer une langue mère en éliminant tout ce qui peut paraître arbitraire ou conventionnel dans les langues civilisées. Ce qui devait rester une fois l'élimination faite aurait représenté le fond naturel commun de toutes les langues quelconques. Les hommes étant partout semblablement organisés, les êtres et le milieu ambiant ayant en somme peu varié, il semblait qu'il n'y avait aucune témérité à espérer la reconstitution d'une langue initiale.

L'entreprise est chimérique pourtant, quoiqu'elle paraisse inspirée par des raisons positives. Il n'y a pas, en effet, qu'une seule manière de mettre les mots construits en harmonie avec notre organisation cérébrale et vocale... le problème est *indéterminé* et comporte plusieurs solutions... Quel est le degré de l'indétermination ? Cela est déjà impossible à établir, et en faisant la supposition la plus favorable, en supposant seulement quatre... cinq... ou dix solutions possibles, il y aurait à chercher autant de langues souches, et vous voyez tout de suite dans quelles difficultés on s'engagerait.

Il semble que cette façon d'envisager la question est moins absolue et moins irrationnelle ; il y a en effet une différence, mais plus minime qu'on le croit, entre les partisans, aujourd'hui discrédités, d'une souche unique et ceux qui admettent plusieurs souches.

Dans les motifs qui avaient déterminé la recherche d'une langue commune unique, il y en avait, nous l'avons vu, d'ordre positif, mais il y avait aussi un restant des conceptions théologiques au sujet de l'unité prétendue de l'espèce humaine, conceptions aussi oiseuses qu'invérifiables, et bon nombre de travaux modernes ne sont pas encore purgés de ces considérations extra-scientifiques.

Je le disais plus haut, la question de la formation du Langage doit rester ouverte ; on pourra probablement l'aborder avec fruit en observant les enfants et les animaux supérieurs, en s'appuyant sur de nouvelles données biologiques. La linguistique et la philologie peuvent apporter leur contribution, la philologie principalement. Les études linguistiques, à mon avis, ne doivent pas viser trop haut et surtout, doivent laisser de côté les questions insolubles faute de données certaines. A défaut de renseignements historiques, la linguistique projette, il est vrai, quelques vagues lueurs sur notre passé le plus lointain, lueurs dont il ne faut pas s'exagérer la portée. Quand les documents sérieux nous manquent, on ne saurait être trop prudent pour formuler des hypothèses et en tout cas il faut les donner pour ce qu'elles sont.

CONVENTION

La langue parlée dérive, nous venons de le voir, de l'imitation pure et d'une sorte d'imitation indirecte qu'on peut appeler une traduction vocale ; elle s'enrichit par l'adjonction de mots plus ou moins conventionnels, qui sont formés d'après des analogies quelquefois très vagues entre les choses ou leurs propriétés et notre organisation. Plus la langue se civilise et plus nous trouvons de ces expressions conventionnelles qui pourtant ne sont pas choisies arbitrairement. Dans les mots créés par l'instinct populaire, le côté naturel persiste et heureusement que la majeure partie des mots vient de cette source.

A cet égard, il n'y a pas, je crois, à encourager la construction pédantesque des termes de la langue commune ; l'argot, l'argot technique est presque toujours plus intéressant que cette sorte de langue construite artificiellement. Combien y a-t-il d'expressions pittoresques et amusantes dans l'argot des diverses professions ! Combien y en a-t-il aussi dans la langue populaire ! La raison de cette supériorité est que les termes populaires résultent souvent des observations très justes et très fines que les ouvriers, les artisans et les artistes sont à même de faire dans la pratique de leur profession.

Il ne faut pas dédaigner non plus l'intervention du sentiment, qui est prépondérante dans les constructions populaires et presque nulle dans les constructions savantes. On ne doit pas, il me semble, déplorer que la langue courante des peuples civilisés conserve le caractère émotif et poétique des langues primitives, d'autant plus qu'à côté de cette langue commune à tous, il se forme, tout naturellement, des langues plus précises à l'usage d'une catégorie d'individus... et même encore il ne me paraît pas bien prouvé qu'il soit avantageux d'entendre les médecins et d'autres intellectuels parler une langue incompréhensible pour le vulgaire...

IV

Écriture.

La nécessité de fixer les gestes du Langage mimique et les sons du Langage vocal ne s'est imposée qu'à la suite d'un développement social assez marqué. De très bonne heure, il est vrai, avant même peut-être que notre globe eut pris sa forme actuelle, l'homme avait essayé par des sculptures et des dessins grossiers de fixer le souvenir de quelques attitudes, mais l'écriture véritable est en somme assez tardive. La civilisation des Incas, très supérieure dans son ensemble à l'état social primitif, ne connut pas l'écriture peut-être à cause de l'introduction d'un procédé très imparfait de conserver les traditions, celui des cordelettes nouées. Ce procédé ingénieux dut retarder la venue d'un système graphique meilleur parce qu'il suffisait momentanément aux besoins les plus pressants. Nous ne connaissons que cet exemple et celui de la Chine où, d'après les plus anciennes traditions, le système des cordelettes fut employé ; partout ailleurs il semble que cette transition fut évitée et qu'on s'éleva directement du dessin à l'écriture, mais non sans de longs tâtonnements. Nous allons essayer de suivre les diverses phases de ces tâtonnements.

Auparavant il faut compléter les indications déjà données sur le sens de *la vue* par lequel nous pouvons utiliser l'écriture. La marche des progrès de la langue écrite est celle de la langue parlée, le point de départ c'est toujours l'imitation, et vient ensuite, peu à peu, l'introduction d'éléments conventionnels jusqu'au point d'arrivée, quand a lieu la concordance entre la langue qui s'adresse aux yeux et celle qui s'adresse à l'ouïe. Quand l'écriture devient phonétique, lorsque les signes graphiques rappellent des sons, la concordance est complète ; il y a alors entre le sens de la vue et celui de l'ouïe une liaison plus intime. C'est pour mieux comprendre cette liaison que je suis obligé de compléter ce qui a été dit au sujet de ces deux sens.

La discussion des avantages respectifs de la vue et de l'ouïe, sous le rapport du Langage, nous a conduit à faire voir pourquoi la mimique a été finalement subordonnée à la phonétique. Il y a une autre question à traiter, celle des souvenirs visuels et auditifs et cette question, on le verra, ne manque pas d'importance.

Nos opérations cérébrales intérieures s'accomplissent d'abord sur les sensations directes fournies par les divers organes sensitifs, mais aussi sur les sensations antérieures conservées à l'état de souvenirs. Nous avons des mémoires diverses, la mémoire des sons, celle des impressions visuelles... etc., etc., qui sans aucun doute sont le fait d'organes spéciaux déterminés ou indéterminés dans l'état actuel de nos connaissances anatomiques. Ces mémoires diverses, ces réservoirs des impressions antérieures ne sont pas également développées chez l'homme et chez les animaux, par suite de l'état plus ou moins grand de perfection des organes correspondants et aussi, très secondairement, par la culture qui a été donnée à chacun d'eux.

Les souvenirs visuels, par exemple, sont beaucoup plus nets dans la majorité des cas que les souvenirs auditifs au moins pour l'espèce humaine, et cela doit tenir en même temps de la perfection de l'organe des souvenirs visuels et aussi de la netteté des impressions visuelles. Les sens obtus, goût, odorat..., fournissent peu de souvenirs, sauf chez les espèces supérieurement douées, comme l'est le chien pour les odeurs ; pour lui il ne faut pas douter de la précision des souvenirs olfactifs. L'exercice a, chez lui comme chez nous, perfectionné l'organe le plus fréquemment exercé en raison de la netteté des impressions qu'il peut fournir et à la supériorité naturelle des organes est venue s'ajouter la supériorité acquise par l'exercice.

Il y a là vraisemblablement des questions que l'anatomie comparée élucidera un jour, mais, quoi qu'il arrive, il est certain que les souvenirs visuels sont plus nets, chez l'homme, que les souvenirs auditifs.

En serait-il autrement, d'ailleurs, que cela ne changerait pas la conclusion à laquelle nous allons aboutir.

Le Langage a un but double : permettre d'abord les communications entre divers individus, et ensuite faciliter nos opérations cérébrales, comme nous le verrons bientôt. La signification complète d'une communication quelconque n'est accessible qu'à la condition de réveiller des souvenirs, de comparer l'impression actuelle avec des impressions passées. Alors, il y a dans la communication un échange réel et les deux êtres sont véritablement reliés entr'eux par le Langage.

Un discours mimé ou parlé n'a aucune portée s'il est adressé à un interlocuteur qui n'est pas en état de le comprendre : la communication n'existe pas, elle dépend donc d'opérations mentales assez complexes dont les souvenirs forment la base. Il est par conséquent de la plus haute utilité de faire concourir le plus possible nos organes des souvenirs. La mémoire visuelle prêtant son concours à la mémoire auditive, il devra en résulter une plus grande facilité à recevoir les communications et aussi à les conserver pendant un temps plus long.

Ce concours est possible lorsque la langue orale et la langue visuelle (l'écriture) coïncident ; lorsqu'un son rappelle un signe visuel et lorsque celui-ci rappelle un son, il s'établit des relations cérébrales on ne peut plus favorables à la communication. Une preuve assez frappante peut être donnée, il me semble, du rôle de nos deux sens principaux et de l'appui que l'œil et l'oreille doivent se prêter. Lorsque nous entendons une lecture, il est plus difficile de nous la rappeler que si nous lisons nous-mêmes, preuve de la netteté plus grande des souvenirs visuels ; et lorsque nous faisons la lecture à haute voix assez lentement pour donner au cerveau le temps de la réflexion, nous obtenons encore un meilleur résultat, preuve de l'efficacité de la coopération des deux sens.

Un autre exemple de ce concours : nous retrouvons souvent un mot, un nom de personne oublié, par le souvenir visuel de la façon d'écrire ce mot ou ce nom. A propos de l'avantage qu'il y a de nous servir de la précision des souvenirs visuels, je ne crois pas inutile de signaler l'importance de l'exécution matérielle des manuscrits et des livres. Lorsque l'imprimeur sait bien son métier, lorsqu'il sait disposer convenablement les caractères d'imprimerie, les varier à propos, laisser où il faut des *blancs* qui reposent l'œil et la pensée, il nous rend de très grands services. Nous avons beaucoup plus de chances de garder le souvenir de ce que nous avons lu si la disposition typographique est établie intelligemment.

En dehors de la conservation et de la fixation du langage par l'écriture, il y a donc utilité primordiale à créer cette langue qui s'adresse aux yeux et à obtenir sa concordance avec la langue vocale ; cette conclusion résulte de l'examen de notre organisation même.

Voyons quels ont été les divers pas qui nous ont conduit à l'écriture alphabétique.

IMITATION

(*Dessin.*)

L'écriture part du dessin; pour désigner un être il n'y a pas de procédé plus simple que de rappeler sa forme par le dessin ; pour spécifier l'activité de cet être le dessin varie selon les attitudes, il y a donc à notre portée un moyen qui permet déjà de fixer un assez grand nombre d'idées.

SIGNES IDÉOGRAPHIQUES

Un premier perfectionnement consiste à simplifier le dessin primitif; *des bras, des jambes* en action indiqueront avec moins d'équivoque ce que pouvait indiquer le dessin de l'homme dans son entier. La part de convention est ici très petite, elle commence à venir toutefois. L'écriture, lorsqu'elle ne dépasse pas ce premier degré, est aisément intelligible à tous à la condition cependant que l'écrivain ait acquis une certaine habileté.

Lorsqu'il s'agit de représenter des qualités, le mode graphique dont nous venons de parler peut aussi être employé mais en entrant un peu plus avant dans la voie de la convention. Pour exprimer une qualité, *la force,* on choisit l'être qui a cette qualité au plus haut degré, — le lion par exemple ; — il faut au préalable être d'accord sur l'attribution de la qualité à tel être plutôt qu'à tel autre. Le *signe* est dans ce cas un dessin, mais qui n'est pas pris dans son sens primitif, il devient un caractère idéographique, il représente une idée abstraite et non un être réel.

SYMBOLES

Pour étendre le cercle des représentations figurées on a employé des caractères encore plus simples et représentant des attributs à signification précise, le sceptre a représenté la puissance. Les caractères de cette nature sont des symboles et nous pouvons comprendre l'extension que l'écriture a dû prendre par l'introduction des symboles. Ici nous apercevons d'une manière encore plus évidente le développement de la convention, certains signes symboliques finissent même par ne plus avoir de rapport naturel apparent avec l'idée qu'ils représentent. A mesure que cette écriture se complique et s'étend, la lecture n'est accessible qu'après une initiation qui livre le secret des symboles.

Jusqu'ici l'écriture est absolument distincte de la langue parlée, les altérations de prononciation ou d'accent n'ont aucun effet sur l'écriture symbolique. Cette écriture peut convenir à des populations parlant une langue différente, tout comme notre notation musicale, qui est universellement comprise.

SYMBOLES PHONÉTIQUES

L'adoption des caractères symboliques prépara un nouveau progrès lorsque ces caractères s'éloignèrent de leur origine naturelle. Certains symboles acquirent une signification phonétique ; au lieu de représenter des idées, ils représentèrent des sons de la langue parlée. La concordance entre cette langue et l'écriture date de cette introduction dans l'écriture de symboles phonétiques.

Aussi loin que nous puissions remonter dans le passé Égyptien, nous trouvons le phonétisme en usage, cette admirable civilisation avait ainsi préparé tous les progrès futurs.

ALPHABET

Il ne restait plus qu'un pas à franchir ; lorsque les avantages du phonétisme furent reconnus, on comprit que les sons de la langue parlée pouvant être ramenés à un petit nombre de sons élémentaires, on avait la possibilité de réduire à quelques signes l'écriture, à la condition de lui donner pour objet unique la représentation des sons. Je n'ai pas à suivre les divers tâtonnements qui conduisirent finalement à l'écriture alphabétique, ce sujet fort intéressant est d'ailleurs au-dessus de ma compétence.

L'écriture alphabétique est ainsi le dernier terme de nos grands progrès graphiques, le langage ainsi figuré est devenu l'instrument par excellence de la transmission intellectuelle. Avec un apprentissage insignifiant que nous accomplissons en quelques années, dans notre première jeunesse, nous sommes en mesure d'acquérir toutes les connaissances de nos devanciers. Le progrès humain est donc en grande partie résulté du perfectionnement de l'écriture ; le progrès des sciences, nous allons le voir, a été aussi grandement favorisé par les perfectionnements de nos moyens graphiques.

L'examen auquel nous venons de nous livrer montre avec évidence que l'écriture a suivi la même marche que la parole ; partie de l'imitation, elle est devenue de plus en plus conventionnelle sans être cependant arbitraire. Les signes de notre alphabet, si on les examine de près, en ce qui concerne principalement les voyelles, ont une certaine analogie avec les formes que prennent nos organes vocaux les plus apparents et spécialement les lèvres ; donc, là même où il semble que la convention règne exclusivement, il y a encore la trace de l'*imitation*.

APPLICATIONS MODERNES DES DIVERSES ÉCRITURES

Les divers modes d'écriture que nous venons de passer en revue ont tous leurs avantages propres ; aussi l'Humanité les a conservés tous en vue d'approprier chacun d'eux à nos divers besoins. Non seulement ils ont été conservés, mais considérablement perfectionnés, ainsi que nous allons le voir en examinant quelques applications, dont les unes sont très modernes, des divers systèmes graphiques. Cet examen, outre qu'il servira d'illustration aux notions ci-dessus trop rapidement résumées, nous permettra d'apporter un argument à une proposition que nous émettrons bientôt, à savoir la participation de tous à la formation de la langue parlée ou écrite. Quand je dis *tous*, j'entends ceux qui font un usage plus étendu d'une écriture spéciale.

Je me propose donc de dire quelques mots des cartes géographiques où tous les procédés d'écriture sont employés, — de la notation musicale qui est le chef-d'œuvre du symbolisme graphique, et de l'écriture algébrique, la plus intellectuelle et la plus précise de toutes les langues symboliques.

CARTES GÉOGRAPHIQUES

Je ne connais pas d'exemple de l'emploi simultané de tous nos procédés graphiques qui soit plus complet que celui de nos cartes modernes. Nulle part on ne fait un choix plus judicieux du procédé qui convient à chaque partie du sujet.

On se sert d'abord du *dessin*, imitant scrupuleusement à une échelle donnée les surfaces dont on donne le plan ; l'emploi des couleurs vient quelquefois rendre la lecture des cartes plus aisée. Le dessin est complété par des indications sur la nature du sol, indications qui sont en général inspirées par le désir d'imiter autant que possible la réalité : les eaux sont figurées d'une manière ; les bois, les prairies, les rochers, les accidents de terrain, les diverses cultures, le relief du sol..., etc., sont figurés différemment. La carte donne donc tout de suite par l'emploi du dessin une impression d'ensemble ; forme du terrain, culture, routes, canaux, rivières, densité de la population, on voit tout cela d'un seul coup d'œil avec un exercice à peu près nul. L'imitation par le dessin est donc le moyen le mieux approprié.

Les signes idéographiques et symboliques sont aussi très judicieusement utilisés. Là une rivière est flottable, un peu plus loin elle est navigable, une ancre nous l'indique d'une façon aussi concise que possible. A tel endroit s'élève une ville, un village, un hameau, une ferme, et quelques signes très simples suffisent pour nous donner ces renseignements. Un signe particulier nous apprend l'importance d'une ville, importance militaire, administrative, judiciaire. Un petit cercle, double ou triple, nous dit à l'instant une masse de choses qu'il faudrait désigner par une demi-page de caractères alphabétiques. Le signe symbolique offre donc, dans ce cas, une grande supériorité sur les signes alphabétiques.

Les chiffres sont utilisés pour préciser le niveau des points principaux et, enfin, l'alphabet pour désigner les noms qui ne pourraient pas être interprétés autrement. On a suivi dans ce cas la marche que les Égyptiens durent suivre lorsque le signe phonétique fut introduit. Les noms étrangers, qui ne pouvaient avoir aucune signification dans la langue égyptienne, ne purent être figurés qu'avec des signes représentant l'assemblage de leurs sons. Les noms de villes pour les cartographes sont dans le même cas, ils n'ont pas d'autre sens que le sens phonétique ; aussi l'alphabet sert à les désigner.

Vous le voyez, il y a dans le cas qui vient de nous occuper une merveilleuse adaptation de toutes les écritures au bénéfice de la clarté et de la précision. Quels sont les auteurs de tous les progrès successifs de la cartographie? on ne le sait guère ; tous les professionnels y ont contribué et quelquefois nous les devons à des obscurs travailleurs, graveurs, lithographes ou imprimeurs.

NOTATION MUSICALE

Non moins anonymes sont les progrès de la notation musicale dont les premiers essais remontent à un millier d'années ; on attribue à Guy d'Arezzo les pas initiaux, mais depuis que de perfectionnements ! Depuis l'époque où la première ligne fut tracée jusqu'à la *portée* qui en a onze (celle du milieu fort judicieusement sous-entendue) jusqu'aux progrès les plus récents, les musiciens compositeurs, exécutants et copistes ont successivement ajouté une amélioration à une autre sans qu'on sache, par le détail, à qui revient l'honneur de chaque innovation. Souvent la modification n'a fait que réaliser des vœux depuis longtemps formés.

Le résultat de tous ces concours est véritablement merveilleux ; le but était de représenter l'œuvre du musicien avec toute la variété propre : la hauteur du son, la tonalité générale, la mesure exacte, le rythme, les nuances, les particularités d'exécution, le coulé, le martelé, le détaché, etc., etc..., en somme, une foule de choses. On y est arrivé avec des procédés fort simples, avec des symboles admirablement adaptés à chaque chose. L'écriture musicale est ainsi devenue un dessin symbolique parfaitement clair, l'élévation de chaque son est marquée de la façon la plus naturelle, la mesure aussi est indiquée on ne peut plus simplement, et de même pour le reste. Le dessin musical peut être lu très rapidement, parce que l'œil peut embrasser un espace assez grand et n'a pas besoin de s'appesantir sur tous les détails ; un *accident* ici, une inflexion un peu plus loin, cela suffit pour que rien n'échappe au lecteur exercé, et rende possible une très rapide lecture. Dans les passages accélérés, l'exécutant voit, d'un coup d'œil, la forme générale du dessin et conserve une très grande aisance. Si nous examinions en détail toutes les particularités de l'écriture musicale, nous serions émerveillés de leur parfaite convenance, il y a là un très beau témoignage de la sagesse humaine, une création qui permet de traduire la pensée musicale avec toute la délicatesse imaginable et avec une entière exactitude. Je ne pense pas qu'on puisse faire beaucoup mieux ni qu'on doive encourager les tentatives de réformation qui altéreraient le symbolisme parfaitement approprié de ce mode d'écriture.

ÉCRITURE ALGÉBRIQUE

Encore une belle application du symbolisme ; au lieu de représenter des sons, quoiqu'elle emploie des lettres, l'écriture algébrique représente des idées abstraites et cela jusqu'à la limite extrême de l'abstraction au-delà de laquelle il n'y a plus rien. Dès qu'un phénomène peut être mesuré, dès que l'idée de grandeur peut se préciser, nous pouvons utiliser cette écriture.

Par une combinaison de lettres grandes ou petites, romaines ou grecques, employées comme signes abstraits et non indifféremment, car l'usage affecte les premières lettres de l'alphabet aux *constantes* et les dernières aux *variables*, par l'emploi de chiffres, de signes représentant les opérations élémentaires et d'autres signes spéciaux heureusement choisis, la langue algébrique paraît être arrivée au terme de ce que pourra jamais atteindre le langage conventionnel. Nous sommes loin, n'est-ce pas, de la mimique et du dessin initial où il n'y a que l'imitation?

Nous avons atteint, avec cette écriture, l'expression la plus rigoureuse de nos pensées et nous avons avec elle un précieux instrument de déduction et de coordination.

Quand nous pouvons donner à une loi naturelle sa formulation algébrique, nous sommes en mesure d'en tirer une infinité de conséquences. Il faut admirer le génie des géomètres grecs, qui surent, sans cet instrument déductif, tirer un grand nombre de conséquences de quelques faits et d'un très petit nombre de lois; si je cite seulement le nom d'Archimède, ce n'est pas pour méconnaître la valeur des autres. Ce qui doit le plus nous étonner, c'est la solution des difficiles questions que nous lui devons et notamment la quadrature de la sphère sans avoir à sa portée l'instrument que nous possédons. Mais une pareille force de tête est plus que rare et il est heureux que nous ayons des ressources inconnues alors; d'ailleurs il est plus que probable que si nous avions le génie des savants grecs, nous serions impuissants à résoudre les questions géométriques, mécaniques et astronomiques de la science moderne sans le secours de l'algèbre.

L'écriture algébrique, malgré quelques abus, inhérents à l'usage de toute chose, a donc rendu à la culture des sciences les plus signalés services.

Au point où nous en sommes arrivés, il est difficile de contenir son admiration en face de tous ces monuments du génie humain qui a su porter le langage à un point si élevé. Notre essai serait incomplet si nous ne parlions pas des beaux-arts qui sont tous intimement liés au système général de nos communications.

V

Beaux-Arts.

Nous avons vu que l'art avait une origine aussi ancienne que la langue mimique orale ou écrite ; il les précède en quelque sorte dans ses formes rudimentaires. Après un premier essor du langage usuel, l'art s'est développé d'une façon indépendante au point que la modestie de son origine est cachée par les progrès ultérieurs.

Arrivés au degré de perfection où nous trouvons

les beaux-arts chez les peuples civilisés, ils représentent encore un langage si nous nous en tenons à la définition donnée au commencement de cet essai. L'art sert en effet à traduire au dehors notre état intérieur ; il domine le langage vulgaire par sa recherche constante de la beauté et aussi par son universalité. Des peuples très différents, parlant des langues différentes, peuvent comprendre les mêmes manifestations artistiques ; dans toute l'étendue de notre monde occidental on peut comprendre et goûter les grandes productions musicales. Bach, Gluck, Méhul, Beethoven, Wagner parlent un langage qui sera bientôt compris dans toute la terre civilisée. Les plus naïves populations noires de l'Afrique sont fort capables de s'élever à cette compréhension, si nous en jugeons par leurs dispositions innées. De même pour les productions picturales, elles pourront bientôt être comprises partout et nous pouvons même, nous Occidentaux, savourer les productions artistiques de l'Extrême-Orient, à tant d'égards si différentes des nôtres. Les chefs-d'œuvre, poétiques ou littéraires, sont aussi de tous les pays et de toutes les époques ; quelles que soient les altérations qu'entraîne forcément toute traduction, ce qui est véritablement beau peut être universellement goûté partout.

Je n'ai nullement la prétention d'esquisser une théorie complète de l'art ; je me propose seulement de coordonner quelques vues d'ensemble en restant autant que possible sur le terrain positif.

Les divers beaux-arts partent de l'*imitation* comme toutes les formes du langage ; malgré tout, l'art doit rester *vrai* sous peine de n'avoir aucune action ou de se perdre dans l'exagération sans mesure. Je n'insiste pas sur cette conception depuis très longtemps admise par le public et pratiquée par tous les grands artistes. L'imagination la plus ardente ne dispensera jamais de l'observation de la nature, seulement l'observation, pour le poète et pour l'artiste, a une tournure un peu différente de l'observation pratiquée par le savant. Il faut qu'il se place encore plus haut que le savant, il faut qu'il sache voir plus simplement que le commun des hommes pour s'attacher à l'essentiel et négliger le superflu. Cette simplification ou idéalisation par retranchement conduit à la manifestation la plus élevée de l'art.

A propos des beaux-arts nous pouvons effectuer

plusieurs classements, et les deux principaux consistent à les envisager selon leur puissance d'action ou selon leur technique plus ou moins complexe. Le premier classement ne peut guère donner lieu à contestation, le second est moins certain mais a l'avantage de circonscrire le champ de chacun en appréciant avec impartialité les ressources qui sont à la disposition des diverses catégories d'artistes.

MUSIQUE

Essayons un premier classement selon la puissance émotive ; sans contestation possible, la Poésie et la Musique doivent occuper le premier rang, mais laquelle l'emporte sur l'autre ? Les deux opinions qu'on peut avoir sur ce point sont également défendables ; je penche toutefois pour la primauté de la Musique, et je vais donner mes raisons. Je note d'abord qu'en apparence inconciliables, ces deux opinions peuvent se réunir lorsque la musique prête son concours à la Poésie pour arriver à la tragédie lyrique, la forme la plus parfaite et la plus complète de l'art. Je puis aussi ajouter que les poètes ne regardèrent jamais comme une offense d'être appelés *chantres*, qu'on leur donne une lyre pour attribut et que les productions désignées par le nom de *poésie lyrique* ne passent pas pour inférieures dans le domaine poétique. Ces réserves faites, j'ose donner à la Musique le premier rang au point de vue de la puissance émotive.

La Musique s'adresse à la partie affective de notre cerveau plus qu'à l'intelligence ; or, il n'est pas douteux que nous sommes plus affectifs qu'intelligents. Le sens auquel elle s'adresse exclusivement est affecté dans toutes ses aptitudes de perception ; entre un chant et la simple parole il y a une distance immense comme action sur nous. Je me permets une simple constatation sans avoir l'intention de froisser personne : voyez ce qui se passe dans une assemblée où il y a à la fois chants et discours, discours qui sont souvent de véritables œuvres d'art ; l'impatience du public est visible quand l'orateur, si habile soit-il, précède les chanteurs ou les musiciens. Le bon public, qui ne fait pas de théorie, indique clairement ses préférences.

Une autre constatation qu'on peut aisément faire, c'est l'ardeur qu'on apporte dans les discussions des œuvres musicales. Pour la littérature, pour la peinture et la sculpture, on s'échauffe facilement, mais ce n'est rien comparativement à ce qui a lieu pour la musique, précisément parceque c'est pure affaire de sentiment et que le raisonnement est absent. Les motifs de préférence, on ne peut pas les donner ; il arrive donc ce qui arrive toujours lorsqu'il n'y a que des passions ou des sentiments en présence.

La réflexion n'intervient presque pas à l'audition de la musique, nous nous livrons sans réserve, et c'est là le secret de sa puissance ; nous sommes beaucoup plus réfractaires pour les autres arts qui demandent un peu plus d'attention, qui exigent quelque chose de l'intelligence toujours plus lente à entrer en activité.

La puissance de la musique est donc extrême ; nous n'avons qu'à observer ce qui se passe en nous, lorsque nous entendons un chef-d'œuvre, pour en juger : nous sommes pris et subjugués bien autrement que nous pouvons l'être par les autres manifestations esthétiques. L'impression est fugitive, mais elle gagne en force ce qu'elle perd en durée ; jamais poète, peintre, sculpteur ou architecte ne pourra avoir sur le public l'intensité d'action qu'obtient le musicien. Quand nous écoutons un grand chanteur pendant quelques instants, il nous *pétrit* comme il veut... et à plus forte raison quand nous sommes en présence de l'expression musicale dans tous sa plénitude. Je ne discute pas en ce moment sur l'utilité ou la non utilité de l'action de la musique sur l'homme, je ne fais que constater sa toute puissance sans trop m'occuper des abus qui peuvent en résulter ; il en existe cependant et de graves. Si l'amour, si la monomanie de la musique devaient nous conduire à chercher trop fréquemment des jouissances sensuelles, cela ne serait pas plus recommandable que la gourmandise ; qu'il s'agisse de l'ouïe ou du goût, le péché serait le même. D'autre part, il ne faut pas non plus que la culture émotive vague nous fasse oublier qu'il y a autre chose à cultiver en nous, que l'intelligence doit éclairer et guider nos sentiments. La musique doit certainement avoir une destination plus élevée que de nous procurer des sensations agréables.

L'origine de la musique est, nous l'avons vu, aussi ancienne que l'homme, et pourtant l'essor complet de l'art musical a été très tardif ; il ne faut guère remonter au-delà d'un ou deux siècles pour trouver la musique à un état voisin de la perfection actuelle. Une foule de raisons sociologiques et techniques peuvent expliquer ce retard. Les progrès dans la construction des instruments de musique sont relativement récents ; ces progrès remontent en général au Moyen-âge et à la Renaissance. L'art du luthier contribua pour beaucoup au progrès musical ; les instruments à archet, d'une simplicité si merveilleuse, fournirent des ressources immenses au musicien. Les instruments à vent, nouvellement créés, ont encore agrandi ces ressources. A propos des instruments à cordes, il n'est pas inutile de noter que l'abandon des cordes métalliques et leur remplacement par celles en boyaux constitua un notable avancement au point de vue expressif et au point de vue de la justesse. Nous savons maintenant, depuis les travaux d'Heilmotz, pourquoi la production d'un trop grand nombre de sons harmoniques (pour les cordes, les plaques vibrantes et les tuyaux sonores) est pénible pour notre oreille. L'excès de vibration, et c'est le cas pour les cordes métalliques, entraîne la production de sons harmoniques discordants qui nuisent à la pureté du timbre et à la justesse. Avec des matières moins dures et moins élastiques, telles que les matières végétales et animales, on a fabriqué des cordes et des instruments à sonorité plus douce ; avec l'emploi de l'archet pour les instruments à cordes, on a ainsi considérablement amélioré la technique musicale. Je disais tout à l'heure que le point de départ de ces divers perfectionnements remontait au Moyen-âge et à la Renaissance ; il est intéressant de noter qu'on cherchait à rendre plus expressifs les instruments de musique, on cherchait, si on peut parler ainsi, à les *humaniser*... Nous pouvons constater, à propos de la scupIture, de la peinture et de l'architecture, les mêmes préoccupations chez nos admirables prédécesseurs du Moyen-âge.

Les progrès de la notation coïncidèrent avec les perfectionnements instrumentaux, et, sans aucun doute, réagirent sur la conception musicale, facilitée par l'emploi de cette écriture.

D'après ce qui a été dit, il me semble qu'on peut expliquer le tardif épanouissement de l'art musical par la nécessité de la profonde transformation sociale qui se fit pendant le Moyen-âge. L'émancipation des artisans amena cette extraordinaire perfection de tous les métiers ; tous les ouvriers étaient de véritables artistes auxquels nous devons une immense série de progrès techniques.

POÉSIE

Tout à l'heure je disais qu'on pouvait hésiter sur le rang à donner à la musique et à la poésie quant à la puissance de leur action, mais on ne peut hésiter sur l'influence plus nette et plus durable de la poésie ; elle s'adresse au sentiment mais aussi à l'esprit. Son action est moins troublante et au fond plus efficace, socialement parlant. Nous pouvons en outre avoir plus facilement à notre disposition les trésors poétiques de l'Humanité que les grandes manifestations musicales. Depuis l'Épopée jusqu'au roman moderne, nous pouvons choisir ce qui convient le mieux à nos délassements, selon nos dispositions et selon les circonstances. Je ne crois guère à la possibilité de vulgariser la musique pour qu'elle puisse devenir un divertissement familial usuel. Pour arriver au point où l'*exécution* est seulement convenable il faut une préparation trop absorbante pour la moyenne des individus. Les dispositions naturelles sont rares et la culture musicale, sauf pour les natures très bien douées, exigerait une application excessive au détriment de l'éducation totale qu'il ne faut jamais perdre de vue. Cette longue préparation est inutile pour goûter, dans l'intimité de la famille, les chefs-d'œuvre poétiques et c'est ce qui me donne à penser que, somme toute, nous devons donner la préférence à la poésie pour nous améliorer et nous délasser des soucis de la vie pratique.

L'alliance de la musique et de la poésie est des plus fécondes et aussi des plus naturelles ; le Langage poétique donne à la musique la précision qui lui manque et la musique ajoute son charme et sa puissance à la poésie. La chanson populaire, le chant religieux, l'opéra moderne résultent de cette belle combinaison. La musique peut acquérir ainsi une destination plus élevée et avoir une grande utilité sociale.

ARCHITECTURE

Je ne crois pas qu'on puisse contester la prééminence de l'architecture sur la peinture et la sculpture quant à l'intensité de son action. L'impression que nous ressentons en présence des chefs-d'œuvre de l'art gothique, par exemple, me semble beaucoup plus émouvante que la vue d'un beau tableau ou d'une belle statue ; l'architecture, d'ailleurs, peut et doit combiner l'emploi de la peinture et de la sculpture ; elle demande beaucoup à cette dernière dans la plupart des conceptions architecturales. Avant les Grecs, on édifia en Égypte des monuments qui ont laissé des traces grandioses : la splendeur des temples égyptiens, leur caractère imposant les mettent au niveau des plus belles productions ultérieures. L'art arabe, l'art du Moyen-âge et de la Renaissance ont aussi produit des merveilles. L'architecture du Moyen-âge surtout a laissé des monuments qu'il sera difficile de surpasser sous tous les rapports.

Notre opinion sur l'influence de l'architecture pourrait être différente à ne considérer que les productions modernes. La faute n'est pas seulement aux architectes, elle vient du milieu social, non encore équilibré, dans lequel nous vivons. Les palais, les temples qu'on peut construire à notre époque manquent d'une destination assez nette et ne peuvent guère inspirer l'artiste. Des palais pour qui? Des temples en l'honneur de quelles croyances ou de quel culte? En un temps où nous avons renoncé, sans aucun retour possible, à des croyances anciennes et où nous pouvons à peine entrevoir ce qui viendra les remplacer, nous avons des besoins indéniables de culte et de fêtes publiques, mais encore savons-nous à peine de quel côté il faudra nous orienter. Que reste-t-il aux architectes qui ne veulent pas répéter indéfiniment les mêmes formules, copier et recopier sans cesse : les gares de chemin de fer. On conviendra que cette face de notre vie industrielle prête peu à l'essor d'une esthétique nouvelle. Nous devons donc attendre des temps meilleurs, et je ne verrais aucun inconvénient à ralentir pour l'instant le mouvement architectural ; on peut s'en tenir aux constructions utiles ou indispensables en visant surtout à une appropriation adaptée au rôle de ces constructions. Qu'on nous fasse des salles de lecture ou des salles de musées bien éclairées, judicieusement agencées, qu'on nous construise des théâtres où l'on puisse voir et entendre de toutes les places, voilà ce qui importe d'abord ; après, quand le moment sera venu, les artistes pourront se livrer à leur fantaisie. Mais qu'on nous préserve des perpétuelles redites, qu'on laisse dormir l'art grec et qu'on renoue la belle tradition du Moyen-âge, de la

Renaissance et du XVIIIe siècle, sans rétrograder jusqu'au siècle de Périclès.

PEINTURE

Quand elle arrive à employer tous ses moyens, la peinture est *l'art de la couleur ;* le dessin qui est tout pour la sculpture n'est, ici, qu'accessoire. C'est pour moi une opinion aussi fausse qu'accréditée de désigner l'architecture, la peinture ou la sculpture sous le nom général : *arts du dessin* ou arts de la forme. Le vrai dessin pour un peintre est une peinture avec deux tons : le blanc et le noir. Pour un peintre aussi le dessin, au sens vulgaire, n'est que préliminaire, l'évolution picturale en donne la preuve.

Le début individuel et le début historique nous font voir la même exagération dans l'affirmation d'un *contour* rigide. Les primitifs dessinaient avec cette exclusive préoccupation et il n'y avait pas de pointe assez acérée pour préciser et affirmer des lignes qui en réalité n'existent pas. Le modelé intérieur, dont le contour n'est que la conséquence, échappait aux artistes primitifs qui, par une analyse aussi minutieuse qu'exagérée, étaient ainsi le plus loin possible de la vérité synthétique.

Partout on a débuté ainsi et la progression ne s'affirme que lorsqu'on s'attache au modelé intérieur et finalement lorsque la couleur donne à la peinture son maximum de vérité et de puissance.

La peinture est donc surtout l'art de la couleur et c'est là sa vraie raison d'être comme art distinct. Les grands peintres Véronèse, Rubens, dans leurs vastes compositions, ont tout subordonné à l'effet pictural ; tout y est ordonné de manière à laisser à la couleur le rôle essentiel. Rembrandt, l'un des plus grands parmi les grands, n'a pas fait autre chose. A ce propos, qu'il me soit permis d'émettre une opinion sur le vrai domaine du peintre.

Je ne crois pas qu'on puisse espérer jamais de produire avec la peinture la même impression que peut obtenir le poète, je ne crois pas qu'une composition picturale atteigne jamais la puissance de l'Épopée ou du drame. — Pourquoi viser si haut ?

D'ailleurs, tout ce qu'on peut exprimer en employant la langue usuelle, choisie si l'on veut, pourquoi chercher à l'exprimer par des procédés plus complexes, quand on est sûr d'avance de n'y point atteindre ? Pourquoi aussi faire violence aux ressources que nous avons et leur demander autre chose que ce qu'elles peuvent donner ? Ce qu'on peut écrire plus simplement ne doit pas être peint, et ce qui doit se peindre échappe à l'interprétation du Langage ordinaire ou du Langage poétique.

Le peintre doit exprimer ce qu'il sent avec la couleur, au sculpteur il appartient de s'exprimer avec la forme.

A la peinture nous pouvons rattacher tous les arts décoratifs qui emploient la couleur : les étoffes décoratives, les céramiques décorées..., etc..., etc. Combien d'artisans sont de véritables peintres, quand ils produisent de belles choses, et aussi combien de peintres le sont peu quand ils veulent concurrencer les littérateurs ou les sculpteurs !

SCULPTURE

C'est par excellence l'art de la forme. Comme la sculpture se réduit à ce seul moyen d'expression, elle le développe jusqu'à sa plus grande perfection. Ce que nous savons de la sculpture grecque nous donne à penser qu'elle s'éleva très vite de la sculpture égyptienne au moment où elle fut importée en Grèce, à celle de l'époque de Phidias. Des conditions locales et sociales favorisèrent beaucoup ce développement : la beauté physique de la population, l'habitude de voir le nu, les exercices gymniques, une préoccupation constante d'embellir le corps humain par des efforts méthodiques. Les mœurs du peuple grec, les opinions de ses philosophes, tout cela contribua à exalter la beauté extérieure et à donner à l'art de la forme un essor exceptionnel.

Les mœurs chrétiennes et chevaleresques donnèrent plus tard une autre direction à l'art sculptural ; exagérant la réaction en sens inverse, le catholicisme méprisa le corps d'où vient le péché. Cette réaction était justifiée quand on songe aux graves aberrations de la période grecque. Alors dans le costume s'opéra un changement considérable et cela retentit sur l'art. La beauté morale fut mise au-dessus de la beauté physique et il en résulta un idéal féminin tout à fait différent que les sculpteurs traduisirent à leur manière. Du XIIe au XVIe siècle, nous assistons à une évolution des plus remarquables qui aboutit à l'art sculptural de la Renaissance. Le côté expressif préoccupa surtout les sculpteurs ; leurs œuvres dénotent le désir qu'ils eurent de rendre par des formes extérieures la beauté morale et ils y réussirent.

Pour avoir la sensation de cette évolution propre à la fin du Moyen-âge et de la Renaissance, il n'y a qu'à suivre, au musée du Trocadéro, les transformations successives de l'art de la forme. Dans la salle du XVe siècle, il y a une série de bustes pleins de vie et d'expression ; les têtes d'enfants, les têtes de femmes nous montrent la distance qui sépare cet art de l'art grec sous le rapport expressif. Les sculpteurs du XVIe siècle ne sont pas moins remarquables, on le voit surtout dans la salle Jean Goujon au musée du Louvre.

Auguste Comte a dit avec quelque raison que les têtes grecques, celles de femmes surtout, paraissent incapables d'aimer et de penser... il est impossible de dire la même chose des productions sculpturales du Moyen-âge et de la Renaissance.

Au point de vue de la beauté physique on ne dépassera probablement jamais les quelques rares échantillons qui nous sont parvenus de la belle période grecque..., mais il y a autre chose, et les artistes du XIVe au XVIIe siècle surent le comprendre, comme savent aussi le comprendre quelques sculpteurs contemporains.

Le second mode de classement des beaux-arts, selon la simplicité plus ou moins grande de leur technique, donne incontestablement le premier rang à la poésie. Les moyens employés ici sont d'une telle simplicité qu'ils sont presque à la portée de tous, la langue employée est celle de tout le monde. Mais précisément à cause de cela, il est demandé beaucoup aux poètes ; il faut que l'élévation de la pensée et la beauté de l'expression soient en parfaite harmonie. Dans cette langue où nous puisons tous, à chaque instant, il y a un choix à faire et il faut des dons spéciaux pour le faire bien. Le public, non seulement actuel mais futur, est bon juge et il est sévère aussi, à tel point que les œuvres incontestées, celles qui ne vieillissent pas, sont en très petit nombre : quelques volumes, cent peut-être, et voilà tout le bagage poétique de l'Humanité !

Je ne m'attarderai pas à discuter sur la technique des musiciens, des peintres, des sculpteurs et des architectes ; la question de décider sur la difficulté plus ou moins grande de leurs moyens expressifs est fort embrouillée et ne présente pas un intérêt primordial ; laissons la pour le moment. Tout ce qu'on peut dire, c'est qu'il y a pour chacun de ces arts un long apprentissage à faire, une éducation spéciale de l'œil ou de l'oreille. L'artiste doit pousser cette éducation aussi loin qu'il est possible, mais le public aussi a besoin d'une certaine préparation ; j'oserai affirmer, au risque de soulever quelques protestations, que cette éducation du public laisse encore beaucoup à désirer, et je dirai par compensation qu'il me semble très aisé d'arriver à une grande amélioration sans que cela exige beaucoup de temps.

VI

Action Individuelle du Langage.

Nous recevons individuellement la tradition du passé par le Langage oral et écrit ; par lui nous sommes initiés au progrès intellectuel, moral et esthétique de notre espèce ; le Langage a donc sur l'individu une action très considérable. Mais il y a encore à tenir compte de son action sur nos propres opérations mentales ; non seulement nous pouvons connaître par lui ce qu'ont pensé nos prédécesseurs, mais il nous sert d'instrument pour faciliter notre travail personnel. C'est sous cet aspect que je vais l'examiner d'abord, c'est-à-dire en tant qu'il sert à aider le travail intellectuel. Quelques explications sont indispensables sur ce travail pour mettre à sa place la part qui revient au Langage.

Nos opérations mentales résultent de l'activité du cerveau tout entier ; quand nous pensons, nous le faisons toujours sous l'impulsion d'une passion quelconque, désintéressée, ce qui est le cas le plus rare, intéressée dans la plupart des cas. Nous pensons d'abord pour satisfaire nos plus puissants instincts, la majeure partie des individus ne réfléchit le plus souvent que sous cette impulsion. La cupidité, le désir des richesses, la satisfaction des autres passions, voilà les mobiles les plus usuels ; leur stimulation est même tellement forte que nous pouvons être dupes de la vraie valeur intellectuelle d'un individu. Nous sommes très souvent frappés de l'extrême sagacité de gens médiocres lorsqu'il s'agit de leur intérêt. Pour les natures morales plus élevées, le désir d'être approuvé, la vanité est le stimulant ordinaire. Cette impulsion qui détermine le travail intellectuel, et qui le facilite, est ce qu'Auguste Comte a appelé la *logique des sentiments*, on pourrait aussi l'appeler logique instinctive ; c'est elle qui détermine l'entrée en activité du cerveau pensant. Une fois en éveil, les facultés de la réflexion opèrent la combinaison des divers souvenirs sensitifs condensés sous la forme d'images diverses. Sur ces matériaux accumulés, le travail méditatif induit et déduit, généralise et tire des conséquences. La généralisation conduit à la découverte de lois et la déduction nous fait voir toute la série des conclusions que nous pouvons tirer des faits généraux. Ce travail intérieur est le plus important au point de vue de la découverte. Comte appelle *logique des images* cette série d'opérations qui s'appuient sur les souvenirs.

LOGIQUE DES SIGNES

Enfin, lorsqu'arrive le moment de la communication qui, en définitive, est le terme de la méditation, l'organe cérébral du *Langage* intervient non seulement au moment précis où la communication doit avoir lieu, mais aussi pour la préparer et pour faciliter les opérations qui précèdent la communication.

Tout le monde connait l'influence des *signes* pour aider l'intelligence ; calculer de tête, sans le secours des chiffres, présente une grande difficulté pour la plupart des individus ; avec le secours de ces *signes* numériques, nous accomplissons facilement des calculs impossibles sans cette assistance. Les *signes* du Langage jouent un rôle analogue dans nos méditations et presque à notre insu ; nous parlons intérieurement quand la pensée se précise, et nous parlons quelquefois à haute voix quand nous pensons sous l'empire d'une surexcitation un peu vive.

Il est fréquent, d'autre part, de voir des individus qui ne pensent guère qu'en parlant ou en écrivant ; ce moyen d'excitation mentale est, il faut le dire, toujours à notre disposition et c'est pour cela que nous y avons si souvent recours. Les *bavards* ne vivent cérébralement d'une façon totale qu'au moment où ils parlent ; beaucoup de gens souffrent visiblement lorsqu'ils sont forcés d'écouter ; savoir écouter est une preuve de vigueur cérébrale, la parole d'autrui étant beaucoup moins stimulante pour nous que notre propre parole. Je sais bien qu'il y a autre chose dans le cas du bavard, il y a aussi très souvent exagération de la vanité, mais il y a certainement ce que je viens d'indiquer. L'explication que je donne convient aussi pour rendre raison de ce fait très communément observé : les facultés d'expression orale ou écrite ne coïncident pas toujours avec une aptitude méditative marquée; celui qui parle beaucoup cultive et développe sans cesse l'organe du Langage et sa supériorité restreinte s'explique aisément.

Ce qui vient d'être dit au sujet de l'exercice immodéré du Langage ne doit pas nous faire perdre de vue son utilité très réelle pour perfectionner le travail mental. Nous avons déjà vu que la langue algébrique était un précieux instrument déductif; l'algèbre n'a pas créé de conceptions fondamentales dans les sciences mathématiques et astronomiques, pas plus que le discours ordinaire dans les autres *sciences*, mais elle nous a permis de tirer de nombreuses conséquences de quelques lois naturelles.

L'utilité du Langage nous pouvons encore la reconnaître dans les perfectionnements que l'exposition orale ou écrite apportent à nos pensées. Celui qui enseigne non-seulement fait partager sa conviction à son auditoire, mais fortifie la sienne. Le Langage oral fixe et solidifie des idées quelquefois indécises ; pendant le temps, très court quelquefois, que dure l'expression d'une pensée il se fait un travail intense qui n'est pas sans fruit. En dehors de la communication scientifique, dans la vie courante, nous sommes attentifs avant d'arriver à la manifestation orale de nos opinions ; tant que l'opinion reste intérieure, elle est facilement modifiable ; il est plus difficile de la changer quand la parole l'a fixée ; des motifs moraux, l'orgueil, la vanité, s'y opposent, mais en plus il y a la fixation qui résulte de l'expression et qui nous fait considérer le travail intellectuel comme terminé pour nous.

L'expression écrite produit les mêmes effets et avec plus d'intensité encore ; la rédaction a pour la netteté des convictions une utilité très grande. Les productions écrites peuvent être examinées et discutées à loisir et cela nous rend circonspects. L'examen sérieux n'est possible que pour ce qui est écrit, voilà ce qui nous pousse à améliorer autant que nous le pouvons notre travail intellectuel.

ACTION SUR LE MORAL

L'action du Langage sur nos facultés morales n'est pas moins certaine que son action intellectuelle; l'expression d'une émotion a pour effet d'augmenter son intensité; ce que nous avons déjà dit de la colère, qui s'exaspère par son expression vocale, est vrai pour les émotions moins fortes. Les compliments, les paroles affectueuses, lorsque leur expression est sincère augmentent notre sympathie. Mais c'est surtout par les beaux-arts que nous pouvons être affectés moralement d'une façon normale et continue, lorsque les œuvres esthétiques ont été construites en vue de cette destination. Lorsque l'artiste ou le poète savent choisir quelle est la nature des émotions qu'il faut provoquer, l'action individuelle de l'art peut être extrêmement bienfaisante. En fait, il n'y a pas d'œuvres véritablement belles sans cette préoccupation de rendre meilleurs ceux auxquels elle s'adresse. Le vrai, le beau et le bon vont toujours ensemble; sans leur réunion il n'y a pas de production esthétique qui soit durable. Sans aucun doute, il n'est pas nécessaire que toutes les œuvres d'art aient la même portée morale, il en faut aussi qui ne prétendent qu'à nous délasser, mais celles-là même, pour remplir leur but, doivent nous instruire un peu et nous moraliser doucement. Au fond, les œuvres licencieuses n'atteignent pas ce but ; il peut y avoir autant d'esprit qu'on voudra, elles font appel à des instincts qui nous troublent et par cela seul ne nous procurent pas une véritable récréation.

J'ai suffisamment parlé plus haut de l'action des beaux-arts pour ne pas avoir à y revenir ; je puis cependant ajouter que l'architecture, la peinture, la sculpture, par les arts secondaires qu'on peut y rattacher, peuvent beaucoup pour développer notre goût et rendre aimable notre vie intime. L'embellissement du domicile par le mobilier, par quelques objets décoratifs et utiles, par le choix dans la matière et la forme des ustensiles les plus modestes, tout cela peut compter au point de vue de notre amélioration ; aimer son domicile, mais c'est déjà un grand pas dans la voie de l'amélioration individuelle. Il faut donc souhaiter que cette action de tous les beaux-arts dans les productions d'ordre secondaire soit ressentie par les plus pauvres comme par les plus riches ; il n'est pas indispensable d'arriver à la somptuosité pour faire preuve de goût, je dirais presque qu'il vaut mieux ne pas être tenté de faire l'étalage de sa richesse pour donner cette preuve.

ACTION DE L'INDIVIDU SUR LE LANGAGE

Si nous subissons individuellement l'action du Langage sous toutes ses formes, en revanche l'action de chacun est à peu près négligeable au moins pour la langue courante, écrite ou parlée. A propos des divers systèmes graphiques que j'ai étudiés, j'ai fait voir que des générations avaient contribué à leurs divers perfectionnements ; chacun des coopérateurs apporta, en général, une part si minime que la plupart des progrès sont pour nous anonymes.

Mais cela est encore plus vrai pour la langue usuelle à laquelle l'immense majorité des individus n'ajoute rien. L'homme du génie le plus transcendant subit malgré lui sa langue maternelle ; sa mentalité, comme celle de tous ses contemporains, repose sur cette première acquisition. Pour faire accepter un mot nouveau, pour le faire durer, il faut qu'il surgisse une idée nouvelle, et il n'en surgit pas tous les jours, et il faut encore qu'il y ait acceptation de la part du public.

Le cas de Comte est frappant à cet égard : ce penseur, qui a tant remué d'idées, n'a introduit dans notre langue que deux mots : *sociologie* et *altruisme*. Une individualité, si puissante qu'elle soit, ne peut donc que modifier très peu le Langage usuel. Nous devons y regarder à deux fois, d'ailleurs, avant d'encourager les innovations. Le propre du Langage, c'est d'être intelligible pour tout le monde ; on parle et on écrit non pour soi, mais pour les autres ; or, il faut être compris. La création des mots nouveaux doit émaner de la spontanéité populaire, ainsi que je l'ai dit déjà ; la langue, devant servir à tous, il est juste d'appeler tout le monde à la former ou à la compléter quand le besoin s'en fait sentir. On peut être assuré que sous le rapport de la sonorité et de la convenance, les mots ainsi créés et consacrés par l'usage vaudront mieux que les mots construits autrement.

En matière de langage, c'est l'usage qui fait la loi ou qui doit faire la loi ; ouvrez un dictionnaire et vous verrez qu'il y a un nombre considérable de mots dont personne ne se sert, qu'on évite pour ne point passer pour un pédant, parce qu'en définitive ils n'ont point reçu la consécration de l'usage. Examinez ces mots de près et vous verrez que l'instinct public a eu raison dans la majorité des cas.

VII

Influence sociale du Langage.

La conservation et la transmission du capital intellectuel résultent de l'institution du Langage, qui, par cela seul, exerce une influence immense sur la marche des sociétés. Depuis l'invention de l'imprimerie, la conservation est devenue beaucoup plus sûre et la transmission a pu acquérir un développement jusque-là inconnu. A l'inverse du capital matériel, le capital intellectuel peut être indéfiniment partagé sans recevoir la moindre altération ; sa conservation aussi est indéfinie, tandis que le temps altère tous les capitaux matériels.

L'institution du Langage mérite donc tout notre respect pour les services sans nombre que nous lui devons, et ce respect ne doit point rester stérile, il impose à chacun des devoirs moraux ; c'est par le Langage que nous pouvons être individuellement initiés aux connaissances de nos prédécesseurs, et c'est par lui que nous devons payer notre dette envers la société. Le très beau mouvement actuel qui pousse les *intellectuels* vers l'enseignement populaire nous prouve qu'on a conscience de ce devoir relatif à la transmission de nos connaissances.

Le respect que nous devons avoir pour le Langage doit aussi dicter des devoirs quant à la *production ;* elle est évidemment désordonnée à l'heure qu'il est. Le public, il est vrai, peut par son indifférence porter remède à cet état de choses en négligeant les frivolités ou les insignifiances, et c'est bien ce qui arrive à propos d'une foule de productions, mais on n'a pas encore érigé en maxime morale qu'il fallait se garder de l'intempérance en cette matière. On produit trop vite, on lit beaucoup trop à notre époque, mais on ne sait plus lire comme il y a un siècle ou deux, alors que les livres étaient plus rares et aussi plus respectés. Mais toute la vie d'un grand nombre de gens est employée à la lecture, et il ne reste plus de temps pour réfléchir, et c'est là un grand inconvénient de ce qui passe, à tort maintenant, pour de l'érudition. Les vrais érudits ont toujours su réfléchir et ont en définitive fait un choix très judicieux de ce qu'il fallait retenir et de ce qui devait être mis de côté. On ne saurait trop relire ce qui en vaut la peine ; par contre, le temps qu'on emploie à des lectures vaines est totalement perdu.

En considérant donc l'action sociale du Langage, il est utile, je crois, d'indiquer qu'il y a certaines obligations morales dont on doit tenir compte.

Après ce qui a été dit au sujet des beaux-arts, il n'y a pas lieu de nous étendre, pour le moment, sur leur action sociale. Sous cet aspect, on peut espérer que l'action bienfaisante de l'art, lorsque poètes et artistes comprendront leur haute mission sociale, ira sans cesse en grandissant. Ce que peuvent le roman, le théâtre, pour l'amélioration des opinions et des mœurs, est prodigieux. Si nous nous plaçons encore à un autre point de vue, celui de l'institution d'un nouveau culte public plus vrai, plus humain que tous les cultes antérieurs, que ne doit-on attendre de l'action des beaux-arts avec les immenses ressources esthétiques qui sont maintenant à notre disposition !

Pour terminer, il me reste à examiner l'action du corps social tout entier sur le Langage.

Dans la petite société familiale, la langue est peu modifiée ; les sentiments, les idées qui se manifestent au sein de la famille sont trop simples, trop fondamentaux pour exiger des modifications. L'association familiale étant surtout basée sur des sentiments, ce n'est pas là que l'intelligence éprouve le besoin de demander au Langage des expressions nouvelles. Dans la famille, nous apprenons la langue commune, et c'est tout. Mais si la famille agit peu, en revanche la société, prise dans son ensemble, agit beaucoup. Dans le milieu social, la langue est en constante transformation pour répondre aux besoins de l'évolution. Cette transformation lente et inaperçue, lorsqu'on embrasse seulement une ou deux générations, devient très visible si notre regard s'étend plus loin.

Tout le monde a sa part dans cette modification insensible du Langage et cela est extrêmement heureux ; ainsi formé il devient le « réservoir du bon sens », il condense une infinité d'observations dues à une infinité d'observateurs. Non-seulement il y a condensation, mais il y a aussi vérification; le sens simple, double ou triple d'un mot, lorsqu'il est accepté par tous, nous fait voir que l'observation ou les observations qui ont motivé les ambiguités sont justes. Je ne crois pas qu'il soit possible, ni même utile, sous prétexte de précision, de rejeter ces ambiguités, ni qu'il y ait avantage à rejeter les termes synonymes ou soi-disant synonymes.

Pour les ambiguités, je vais citer quelques exemples qui donneront une idée des observations fines et profondes qu'elles peuvent renfermer.

Le mot *ordre* signifie à la fois régularité, arrangement, rang, commandement; on voit tout de suite la sagesse de ces rapprochements : un bon arrangement doit être régulier, chaque chose doit avoir son rang, le commandement ne doit pas être arbitraire, il doit observer la règle... et ce n'est pas tout, on pourrait tirer encore une foule de conséquences de l'ambiguité voulue de ce terme.

Le mot *patron* est peut-être encore plus caractéristique, il désigne un chef et un modèle. Toute la moralité du rôle d'un bon chef est dans ce double sens.

Le mot *juste,* qui dit à la fois exact, vrai et équitable... et tant d'autres; *humanité,* qui dit bonté, qui dit ce qui est propre à l'homme. Le mot *valeur,* qui dit courage et évaluation; *fermeté,* qui dit caractère, résistance, dureté.

Je n'en finirais pas si je voulais montrer dans la langue tous les termes qui condensent et résument une foule d'observations, si je voulais aussi rappeler toutes les expressions, toutes les maximes et tous les proverbes populaires inspirés par une sagesse très profonde.

La société agit donc d'une manière très utile, non-seulement dans la construction matérielle des mots, mais aussi dans l'acception qu'elle leur donne. Il faut par conséquent prendre la langue telle que la société l'a faite, et j'ajoute même que c'est un devoir pour les savants, les penseurs, les philosophes, et tous ceux qui prétendent agir sur le public de parler et d'écrire d'abord comme tout le monde. Il faut être compris et aussi subir le contrôle qui résulte de l'emploi de la langue que tout le monde peut entendre.

J'ai fini; en toute sincérité, j'avoue que je ne me

dissimule point les imperfections de cet essai, ni ses lacunes ; j'ai pensé toutefois être utile en appelant l'attention sur des questions, à mon avis, très importantes, et qui, avant Auguste Comte, n'avaient jamais été envisagées avec l'ampleur qui leur convient.

L'ESSAI SUR LE LANGAGE, par M. Camille Monier, a été achevé d'imprimer le 10 Juin 1903, au nombre de cinq cent douze exemplaires, dont douze sur Japon des Manufactures impériales, par la Société Typographique de Châteaudun, pour les Editions d'art Edouard Pelletan.

www.ingramcontent.com/pod-product-compliance
Ingram Content Group UK Ltd.
Pitfield, Milton Keynes, MK11 3LW, UK
UKHW020357230726
13925UKWH00003B/1161

9 782013 601047